AF562360

EXTRAIT DU SPECTATEUR MILITAIRE.

EXPOSÉ RAPIDE

DES OPÉRATIONS DE LA DIVISION DU PONT,

PENDANT

LA CAMPAGNE DE 1805, SUR LE DANUBE,

AU SUJET D'UN ARTICLE

SUR LE PRINCIPE FONDAMENTAL DE LA GUERRE,

PUBLIÉ

DANS LE SPECTATEUR MILITAIRE.

Le *Spectateur militaire* du 15 décembre 1839 contient un article relatif à une discussion de haute tactique et dans lequel sont rappelées les opérations de la Grande Armée en 1805 et 1806. Ces campagnes ont fait l'admiration de l'Europe. Elles renferment les plus hauts enseignements, et elles doivent occuper toute l'attention des écrivains militaires.

M. le général Jomini s'est appuyé sur ces deux campagnes si mémorables pour établir un principe important de stratégie dans l'un de ses ouvrages. M. le général marquis de Chambray a discuté l'application de ce principe, et son opinion se trouve exposée dans l'article dont je viens de parler. Je l'ai lu avec l'intérêt que méritent les écrits de cet officier-général. Mais j'ai eu le regret de voir que dans le tableau de nos opérations sur le Danube, en 1805, celles des troupes que j'ai commandées laissent beaucoup à désirer sous le rapport historique.

Sans entrer dans la discussion qui a donné lieu à la notice déjà citée, je me trouve ainsi obligé de rectifier des faits involontairement altérés, et je suis d'autant plus fondé à les relever, que j'ai déjà rempli la même tâche à une époque antérieure. Mes observations ont même été insérées dans le recueil du *Spectateur militaire*, ouvert dès lors à tous les progrès de l'art et aux intérêts de l'armée. Plus les événements sont glorieux, et plus la vérité historique est importante à l'honneur des troupes, et impérieuse pour leurs chefs qui doivent la rétablir.

Je vais donc rappeler rapidement les faits qui concernent ma division dans la première campagne de la Grande Armée.

L'expédition contre l'Angleterre est tout-à-coup suspendue. Le camp de Boulogne se lève en 1805, et nous marchons vers le Rhin, menacé par une ligue nouvelle des puissances du Nord. Déjà les Autrichiens étaient en mouvement, et s'avançaient vers le Haut-Danube.

L'armée française avait quitté les côtes de la mer dans les derniers jours d'août, et elle se trouve au commencement du mois d'octobre à la hauteur d'Ulm, sur la rive gauche du Danube. Sa marche rapide étonne les ennemis, et hâte leurs dispositions pour couvrir cette place et défendre le passage du fleuve. Nos corps d'armée se développent aussitôt, et livrent plusieurs combats avec un brillant succès. Ceux de Gunzbourg et de Donawert ouvrent le passage important du Danube. Napoléon le franchit victorieusement, et dès le début de la campagne il a obtenu déjà de grands avantages. Il entre dans la Bavière, fait poursuivre l'ennemi, et dirige le maréchal Bernadotte vers le Lech. Tous les corps de l'armée se trouvaient ainsi sur la rive droite du Danube, et déployaient une rapide offensive dans toutes les directions. Pendant que ces mouvements s'opéraient, la division sous mes ordres prenait position, le 8 octobre, à Albeck. Elle était la seule division d'infanterie restée sur la rive gauche. Mon premier soin fut d'assurer ma position que son isolement rendait très hasardée. Je me trouvais en face d'Ulm, à 3 lieues de distance, et j'apprends aussitôt que cette place est couverte par un grand corps autrichien, campé en avant de ses murs.

C'est alors que je reçois du maréchal Ney l'ordre de me porter sur Ulm et d'en préparer l'attaque. Il ignorait la présence du grand corps ennemi dont je viens de parler, et la marche de Napoléon sur la Bavière lui faisait croire que toute l'armée autrichienne était en pleine retraite. Ce maréchal m'écrit de Gunzbourg, le 10 octobre : « Vous voudrez bien, mon cher général, resserrer la place d'Ulm autant que vous pourrez, et faire une sommation au commandant au nom de sa S. M. l'empereur des Français, roi d'Italie. Il est très important que vous poussiez demain votre droite jusqu'à la Blau. » Et dans une autre lettre du même jour : « Vous ferez rassembler un bon nombre d'échelles, afin que, si les circonstances le permettent, on puisse escalader les ouvrages extérieurs de la place d'Ulm.... L'ennemi est frappé d'une terreur qui n'a pas d'exemple ; il se retire sur Biberach, pour pouvoir se sauver par le Haut-Tyrol, toute autre retraite lui étant coupée. Il est donc probable que l'archiduc Ferdinand n'aura laissé qu'une faible garnison à Ulm. »

Telles étaient les dispositions du maréchal Ney d'après l'opinion qui régnait sur la position et les mouvements de l'armée ennemie.

La vivacité des premières opérations et la retraite précipitée de quelques corps autrichiens, faisaient penser, en effet, dans le grand quartier-général, que le prince Ferdinand se repliait avec toutes ses forces devant Napoléon; mais cette erreur sera bientôt reconnue, la circonstance la plus extraordinaire en sera l'effet, et la campagne va prendre une face toute nouvelle.

L'exécution des ordres que j'avais reçus, pour attaquer Ulm, était impossible. J'aurais dû peut-être suspendre mon mouvement; mais le zèle, le devoir d'obéir l'emportent, et je marche sur Ulm le 11 octobre avec ma division. Elle était ainsi destinée, dans ce même jour, à éprouver les chances du sort les plus graves, ou à obtenir le triomphe le plus heureux.

Haslach est un hameau situé à égale distance d'Albeck et d'Ulm; c'est là que se présente tout-à-coup la circonstance dont j'ai parlé plus haut, et qui nous frappe d'étonnement. Sur les hauteurs, que le Michelsberg forme devant nous, se déploie l'armée ennemie forte de 60,000 hommes, et l'archiduc Ferdinand est à sa tête. On croit la poursuivre dans sa retraite, ainsi que le maréchal Ney me l'avait annoncé, et ce sont quelques divisions ennemies seulement qui se retirent, après les premiers combats. Les forces principales de l'archiduc sont avec lui devant Ulm, sur la gauche du Danube, tandis que nos corps d'armée marchent pour les atteindre et les défaire sur la rive droite du fleuve. Ce qu'il y a, en outre, de remarquable, est que la même erreur règne dans l'armée ennemie. Le prince Ferdinand et le général Mack, son lieutenant et son conseil renommé, pensent, en voyant ma division, qu'elle est l'avant-garde de notre armée, et que Napoléon va les attaquer immédiatement. Ils se hâtent de former leurs troupes dans la belle position du Michelsberg, éloignée seulement de trois portées de canon, et ils attendent la bataille.

Le parti que j'avais à prendre était d'autant plus grave, que ma position était sans exemple. Une division de 6,000 hommes se trouvait opposée à une armée dix fois plus nombreuse. Mais je n'ai pas eu à délibérer long-temps. L'ennemi, voyant ma division arrêtée, et n'apercevant aucun autre corps français, veut profiter de son isolement et prend l'offensive. Deux corps considérables, infanterie et cavalerie, s'avancent. Je ne puis plus songer à la retraite, et ma division se dispose rapidement au combat. Le hameau d'Haslach, placé sur la grande route d'Ulm, est occupé par le 32e régiment de ligne sous les ordres du colonel Darricau, et doit servir de pivot à tous nos mouvements. Le 9e léger et le 96e de ligne, commandés par le colonel Meunier et par le colonel Barrois se déploient dans la plaine. Le 1er régiment de hussards, commandé par le colonel Rouvillois, et les 15e et 17e de dragons, sous les ordres du général Sahuc, sont disposés selon le terrain. Le combat le plus inégal s'engage, et je vois sur-le-champ que cette extrême inégalité ne peut être compensée que par nos charges à la baïonnette.

Cette disposition, favorable à l'impétuosité française, nous a servis merveilleusement. La première charge de mes bataillons a renversé la ligne ennemie et nous a donné 2,000 prisonniers. Ce beau succès a électrisé nos soldats jeunes et vieux, et il s'est souvent reproduit. La baïonnette a fait taire le feu de la mousqueterie ennemie qui nous eût été funeste par sa supériorité, et elle n'a jamais eu plus d'ardeur et de puissance. Chaque fois que les rangs autrichiens étaient rompus, ils se reformaient à la faveur des renforts que l'archiduc leur envoyait du Michelsberg, et ils étaient de nouveau attaqués, repoussés ou faits prisonniers. Le village de Junghinghen, où s'appuyait notre droite, a été pris et repris cinq fois. La cavalerie autrichienne a cédé à son tour à nos carrés dont les feux, soutenus par la baïonnette, ont toujours triomphé. Pendant ces succès de notre droite, la position d'Haslach, sur notre gauche, a été maintenue avec une fermeté inébranlable, et le combat s'est ainsi prolongé pendant sept heures. Il ne s'est terminé qu'avec le jour. 4,000 prisonniers sont tombés entre nos mains et nous sommes restés maîtres du champ de bataille.

Tel a été le combat d'Haslach qui mérite le nom de bataille, si l'on considère les forces ennemies et ses résultats. 25 à 30,000 hommes de l'archiduc y ont pris part, renouvelés sans cesse par des troupes fraîches. L'ennemi s'étant replié sur le camp du Michelsberg et nous ayant abandonné le champ du combat, je l'ai conservé quelque temps, pour constater notre victoire, et nous ne l'avons quitté que vers dix heures du soir. Le garder plus long-temps, devant une armée entière, eût été une faute grave. Notre victoire était trop belle pour la compromettre et amoindrir les résultats qu'elle devait avoir.

Je reprends la position d'Albeck, et je me hâte d'instruire le maréchal Ney de l'événement d'une si glorieuse journée. D'après l'erreur qui régnait toujours sur la situation de l'armée ennemie, je reçois du maréchal Ney l'ordre de me porter sur la rive droite du Danube et de rejoindre le 6e corps d'armée. Ma division marche le 12 sur Gunzbourg, pour y passer le fleuve; mais un nouvel ordre me retient sur la rive gauche, et je m'établis à Brenz.

L'archiduc restait, de son côté, dans l'ignorance des mouvements de notre armée. Il apprend le 12 que ma division a quitté Albeck. Le besoin de connaître notre direction et surtout de savoir où se trouvent nos forces principales, sous Napoléon en personne, lui fait prendre le parti de diviser son armée en deux corps. Avec l'un, fort de 20,000 hommes, il traverse Albeck et se porte sur Nérenstetten. L'autre corps, plus considérable, reste devant Ulm, sous les ordres du général Mack.

Mais le rapport du grand combat d'Haslach porte un extrême étonnement dans le quartier impérial. Napoléon apprend enfin que ce sont des corps isolés qu'il fait poursuivre, et que l'armée ennemie, avec son chef, est sur la rive gauche du Danube. Il voit en même temps que ma division a triomphé de la position la plus critique avec un succès presque miraculeux. Frappé de ces circonstances si graves, il se reporte sur le Danube, vers Ulm, et se hâte de prévenir les avantages que l'archiduc pourrait en retirer. Mais ce prince laisse échapper l'occasion qui lui était si favorable. Il n'avait eu pour but, dans son mouvement vers Nérenstetten, que de recueillir des renseignements sur la marche de Napoléon, et il ne profite pas de la faculté d'attaquer nos derrières, et d'y porter des coups fâcheux, à la faveur de sa supériorité.

Tout change alors de face dans notre armée. Toutes ses opérations se concentrent sur le Danube. Le 14, je quitte Brenz pour me replacer dans la position d'Albeck, pendant que Napoléon se rapproche rapidement de la place d'Ulm. De son côté, l'archiduc revenait sur ses pas, après avoir fait sa grande reconnaissance, et marchait pour se réunir au général Mack devant Ulm.

Au sortir du village de Langueneau, je reconnais l'en

nemi qui se portait, comme nous, sur Albeck, et je sens la nécessité de le prévenir. L'intempérie de l'air était affreuse, les pluies sans fin et les chemins presque impraticables ; mais l'ardeur de nos troupes se ranime, et nous parvenons à occuper le point où s'embranchent les deux routes qui conduisent à Albeck. L'ennemi, heureusement devancé par notre marche rapide, réunit toutes ses forces pour s'ouvrir un passage, et ma division se trouve de nouveau engagée dans un combat très inégal. Il se soutient pendant quatre heures jusqu'à la nuit, et, malgré les efforts de l'ennemi, nous restons maîtres du terrain. L'archiduc se replie à quelque distance et ma division vient occuper Albeck, justement fière d'avoir fermé ce passage si important à un corps trois fois supérieur en nombre.

Je n'entre point dans les détails de ce combat, et je me borne à faire remarquer ses grands avantages. Si le prince Ferdinand avait triomphé, il aurait rallié son armée devant Ulm; elle aurait présenté encore plus de 50,000 hommes, et cette place ne serait pas tombée sans défense; dans tous les cas, l'archiduc aurait pu opérer sa retraite sur la Bohême, et se réunir à l'armée russe qui arrivait alors en Moravie. Le premier combat d'Albeck a produit ainsi des effets remarquablement heureux, et les régiments de ma division ont noblement soutenu leur gloire d'Haslach.

Le même jour, le beau combat d'Elchingen a eu lieu, sous les ordres de l'illustre maréchal Ney. Les armées opposées n'agissent plus maintenant sous l'empire d'une erreur mutuelle. Nos corps d'armée sont réunis, et les combats d'Haslach et d'Elchingen vont amener d'autres et grands succès.

Napoléon apprend le combat d'Albeck, mais d'une

manière inexacte, avant que le maréchal Ney lui eût transmis mes rapports. Il présume que le corps qui m'est opposé est formé seulement de quelques bataillons, et il me fait donner l'ordre, par le major-général Berthier, de l'attaquer sur-le-champ, de le disperser ou de le faire prisonnier. Le 15, je me dispose à exécuter cet ordre, et ma division marchait à l'ennemi dont le camp était peu éloigné d'Albeck, lorsque le général Mouton (1) vint reconnaître la force de l'ennemi par une mission particulière de Napoléon. Les mouvements de l'archiduc étaient ignorés, et mes rapports n'avaient pas encore dissipé tous les doutes. Du château d'Albeck où nous nous trouvions et qui domine au loin, je fis remarquer au général Mouton le camp autrichien, infanterie, cavalerie et artillerie. Il est bientôt convaincu de la réalité de sa force, que j'ai portée à 20,000 hommes. Voyant alors ma division en marche, il me demande où elle va. « Attaquer l'ennemi, lui dis-je, et je serai dans un instant à sa tête. — Quoi! si faible en nombre! Vous ne craignez pas de vous compromettre? — Voyez cet ordre, puis-je différer? Il faut que je combatte à l'instant. Je le quitte aussitôt, et il part de son côté. Il court rendre compte de la justesse de mes rapports et montrer, en même temps, la crise nouvelle où je me trouve engagé. Napoléon connaît alors toute la vérité, et, frappé de ma position, il donne l'ordre au prince Murat de marcher rapidement à mon appui avec la cavalerie de la Garde et deux divisions d'infanterie. Ce lieutenant de Napoléon trouve en arrivant le combat fortement engagé; il me félicite pour ma division de ses succès; je m'applaudis, de

(1) Depuis comte de Lobau, maréchal de France.

mon côté, de sa présence, et je le remercie de son empressement. Je citerai même un de ces traits chevaleresques qui lui étaient familiers : s'arrêtant sur le point où il m'avait trouvé, il écrit à Napoléon un billet au crayon, sur le revers de son chapeau. Les balles ennemies se multiplient en ce moment sur le groupe que nous formions, et il achève son billet en souriant à leur musique, avec une grâce militaire parfaite. Je lui demande alors ses ordres, et il me confie le commandement.

Le combat durait depuis quelques heures et il va prendre une gravité nouvelle. La faveur la plus flatteuse mettait à ma disposition un corps puissant, et je devais me promettre un résultat remarquable. Mais l'archiduc, à l'aspect de ce renfort inattendu, ne tarde pas à prendre le parti de la retraite, et se replie sur Herbrechtingen. Dans cette action, il a perdu 3,000 prisonniers. Je les fais conduire aussitôt (1) au quartier impérial d'Elchingen pour constater victorieusement sur la force ennemie une erreur fâcheuse d'abord et bientôt heureuse par ses résultats. Le prince Murat commence alors la poursuite du corps d'armée du prince Ferdinand avec ses troupes à cheval, et ma division les soutient, marchant avec la même rapidité; chaque jour on atteint son arrière-garde et on lui enlève de nombreux prisonniers. Enveloppé à Nordlinghen, le général Werneck est forcé de se rendre avec un corps de 8,000 hommes. Le 20, nous arrivons à Nuremberg; l'archiduc voit alors se dissoudre son corps d'armée dont les débris se jettent dans la Bohême. Pendant ce temps, Napoléon agissait contre l'autre

(1) Par le chef de bataillon de Couchy (depuis lieutenant-général).

partie de l'armée autrichienne, sous les ordres du général Mack; il déploie tout l'ascendant que donnent la victoire et la supériorité des forces. La place d'Ulm ouvre ses portes, et 30,000 hommes y sont faits prisonniers de guerre.

La campagne de 1805 contre l'Autriche s'est ainsi terminée par un admirable dénouement. J'ai retracé dans cette esquisse la part que ma division y a prise, et je puis maintenant relever les passages de l'article où la vérité historique demande plus particulièrement à être rétablie. Il est dit à la page 260 : « Napoléon ayant commis la faute de ne laisser devant Ulm, sur la rive gauche du Danube, que la division Dupont, forte de 7,000 hommes, dont 3 régiments de cavalerie, Mack se décida à attaquer cette division qui était à Haslach; il réunit pour cette attaque 25,000 hommes, et l'exécuta le 11 octobre. Dupont, malgré l'infériorité de ses forces, se maintint jusqu'à la nuit, dont il profita pour se retirer sur Albeck, et le lendemain il continua sa retraite dans la direction de Gunzbourg. »

L'on voit dans ce récit que le combat d'Haslach, le plus important de la campagne par ses résultats, n'est pas présenté sous ce point de vue essentiel, et qu'il est, en outre, l'objet de graves inexactitudes. Le général Mack n'a point rassemblé un corps de 25,000 hommes pour venir m'attaquer; c'est ma division qui a marché sur Ulm, et ce mouvement l'a engagée à Haslach avec l'armée ennemie, commandée par l'archiduc en personne.

L'article dit avec justesse que ma division, malgré son infériorité en nombre, s'est maintenue jusqu'à la nuit, mais il est inexact que j'aie profité de l'ombre pour me retirer; loin d'être forcé à la retraite, je suis resté maître du champ de bataille ; l'ennemi s'est replié, à la nuit tombante, sur le Michelsberg, après avoir été repoussé sur tous les points, et ce n'est que vers dix heures de la nuit que je me suis reporté sur Albeck, de mon plein gré et par une libre disposition. Ce n'est point pour continuer une retraite que je me suis porté, le lendemain 12, sur Gunzbourg; c'est d'après un ordre du maréchal Ney qui me rappelait près de lui sur la rive droite du Danube, mouvement qui a été suspendu par un contre-ordre. Ces observations étaient évidemment nécessaires pour conserver à l'opération d'Haslach l'importance remarquable qui la caractérise. Ce triomphe d'une simple division contre des forces si nombreuses est peut-être sans exemple.

Je continue à transcrire l'article : « Mack aurait pu employer les journées du 12 et du 13 à se retirer sur la Bohême, et n'en fit rien..... Napoléon, instruit de ces circonstances, se rendit sur les lieux; il fit relever le pont d'Elchingen par Ney qui passa sur la rive gauche, enleva la position d'Elchingen et repoussa les Autrichiens. Le corps de Lannes et la cavalerie de Murat passèrent ensuite; le lendemain, les Autrichiens furent contraints de rentrer dans Ulm, à l'exception de Werneck, celui des lieutenants de Mack qui était opposé à Dupont, et qui se retira avec 10,000 hommes sur Nordlingen; mais, cerné bientôt par la cavalerie de Murat, il met bas les armes. La retraite de Werneck, après la défaite des Autrichiens à Elchingen, le 14, prouve que Mack pouvait, le 12 et le 13 octobre, après avoir repoussé Dupont, effectuer sa retraite sur la Bohême. » — Ces passages exigent également des rectifications importantes. Ils passent sous silence deux combats livrés devant Albeck le 14 et le 15 octobre, et qui ont eu des résultats remarquables. On a vu, par ma relation qui précède, que l'archiduc a séparé son armée le lendemain du combat d'Haslach, et qu'il s'est porté avec l'un de ces corps d'armée sur Nérenstetten; que le 14 il s'est replié sur Ulm, et que ma division lui en a fermé le chemin dans le premier combat d'Albeck; on a vu ensuite que, le 15, un second combat a eu lieu devant Albeck; que le prince Murat est venu y prendre part avec un renfort considérable, et que c'est par l'effet de cette nouvelle action que Ferdinand a perdu tout son corps d'armée en se retirant sur la Bohême, poursuivi par ma division et par la cavalerie du prince Murat.

Ce que dit l'habile auteur de l'article sur la possibilité qu'avait le général en chef ennemi de se retirer, le 12 et le 13 octobre, sur la Bohême est très judicieux; mais le combat d'Haslach l'a retenu dans sa position devant Ulm, et il s'est borné à faire une grande reconnaissance pour s'instruire de nos mouvements sur la rive gauche du Danube, d'après l'erreur qui régnait dans les deux armées.

Parmi les circonstances qui ont signalé la campagne de 1805, il est très remarquable qu'elle n'offre point une action générale. Sept ou huit combats plus ou moins importants l'ont seuls décidée. Ma division en a livré trois, et chacun d'eux a exercé une influence particulière sur la marche de la campagne et ses grands résultats; ses opérations ont dominé celles de l'ennemi sur la rive gauche du Danube, elles ont divisé ses forces et obligé le prince Ferdinand à se jeter dans la Bohême; d'un autre côté, elles ont isolé le général Mack dans Ulm, et préparé la reddition de cette place avec la moitié de l'armée que nous avions combattue dans les champs d'Haslach. De telles circonstances appartiennent en première ligne à l'histoire, et leur omission serait trop pénible pour les troupes qu'elles honorent si particulièrement.

L'émulation des écrivains militaires fait espérer que la précision historique fera sans cesse de nouveaux progrès, et que la critique des documents sera toujours plus éclairée. Il importe que les historiens, loin de se reproduire avec une confiance mutuelle trop absolue, se reposent davantage sur eux-mêmes et sur leurs propres recherches; le génie historique ne peut briller de tout son éclat que par cette haute sollicitude. Quant aux observations que je viens d'émettre, elles ont leur appui naturel dans la tradition des faits qui s'établit et se conserve au sein de l'armée. La vérité qui les concerne et qu'elles rétablissent est encore entourée de témoignages vivants et les plus importants : le général Marchand, aujourd'hui lieutenant-général et pair de France, commandait l'une des brigades de ma division; le lieutenant-général Meunier était alors colonel du 9e régiment d'infanterie légère; le lieutenant-général Barrois l'était du 96e de ligne; le général Darricau, ancien colonel du 32e de ligne, n'est plus, mais le maréchal-de-camp d'Uzer, chef de bataillon de ce régiment, existe, et ces officiers généraux sont prêts à confirmer les faits que j'ai retracés. Il est d'ailleurs beaucoup des braves d'alors que le temps respecte encore, et la vérité ne peut se perdre. La voix de l'armée est pour l'âge actuel, comme pour l'avenir, la véritable renommée.

L'article que j'ai cité n'ayant pas fait mention de ma division dans la campagne de 1806, je m'abstiens d'en suivre le développement; mais il me sera permis de dire que le magnifique triomphe d'Iena et d'Awerstedt, dans la même journée, a été couronné par le combat et la prise de Halle, trois jours après; cette ville était défendue par 25,000 hommes formant la réserve de l'armée prussienne, sous les ordres du prince de Wurtemberg, et elle a été enlevée par ma division de vive force. Napoléon, en entrant dans ses murs, et voyant les difficultés de cette entreprise, dit ces paroles remarquables : « Je n'aurais pas moi-même attaqué avec 60,000 hommes. » Il est glorieux pour un corps de 6,000 braves de recueillir une telle louange.

LE L^{T}-G^{AL} C^{TE} DU PONT.

Paris, le 15 janvier 1840.

PARIS. — IMPRIMERIE DE BOURGOGNE ET MARTINET, RUE JACOB, 30.

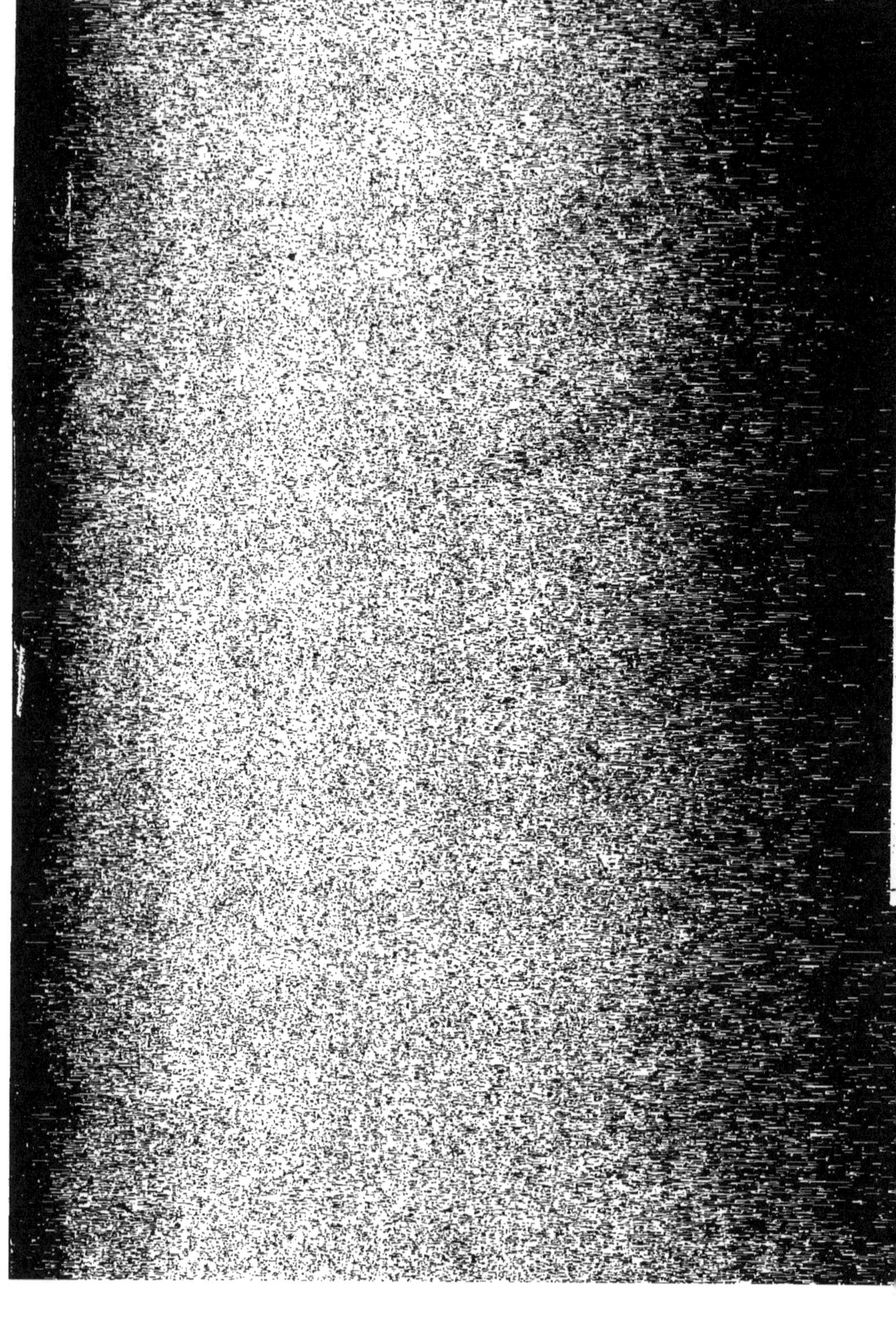

www.ingramcontent.com/pod-product-compliance
Lightning Source LLC
LaVergne TN
LVHW010259230826
846091LV00007B/3059

* 9 7 8 2 0 1 3 2 7 8 1 3 3 *